REVUE TRIMESTRIELLE DE DROIT CIVIL

EXTRAIT

Étude sur l'exposé fait par M. MAURICE HAURIOU

DES PRINCIPES DE LA LOI DU 9 DÉCEMBRE 1905

SUR LA SÉPARATION DES ÉGLISES ET DE L'ÉTAT

Par M. R. SALEILLES
PROFESSEUR A LA FACULTÉ DE DROIT DE L'UNIVERSITÉ DE PARIS

ABONNEMENT ANNUEL :
France, **20** francs; Étranger, **22** francs

LIBRAIRIE
DE LA SOCIÉTÉ DU RECUEIL GÉNÉRAL DES LOIS & DES ARRÊTS
FONDÉ PAR J.-B. SIREY, ET DU JOURNAL DU PALAIS
Ancienne Maison L. LAROSE et FORCEL
22, *rue Soufflot*, *PARIS*, 5e *Arrond.*
L. LAROSE & L. TENIN, Directeurs

ÉTUDE

Sur l'exposé fait par M. MAURICE HAURIOU

DES

PRINCIPES DE LA LOI DU 9 DÉCEMBRE 1905

SUR LA

SÉPARATION DES ÉGLISES ET DE L'ÉTAT

Par M. R. Saleilles.

1.—M. Maurice Hauriou, l'éminent professeur de droit administratif de la Faculté de droit de Toulouse, vient de compléter la dernière édition de son *Précis de droit administratif* par un chapitre consacré à la loi du 9 déc. 1905. Ce chapitre a été publié en tirage à part; il constitue, au milieu de la littérature abondante inspirée par la loi de séparation, une des contributions les plus originales, les plus suggestives et les plus profondes, que l'on ait produites sur ce sujet (1).

(1) Maurice Hauriou, *Principes de la loi du 9 déc. 1905 sur la séparation des Églises et de l'État* (Paris, Larose, 1906). —Je citerai d'après le tirage à part. On trouvera d'ailleurs en note, à la première page, toutes les principales références à la bibliographie de la matière. Il faudrait y ajouter cependant, pour être complet, des articles de journaux, mémoires et brochures ayant les unes un caractère de circonstance, et les autres un caractère de polémique, qui empêchent qu'on les classe parmi les traités didactiques. Mais quelques-uns de ces documents ont eu cependant une influence considérable sur les décisions qui ont été prises dans un sens ou dans l'autre. Il faudrait citer surtout à cet égard le *Mémoire* de Mgr Fuzet, celui de Mgr Touchet, et la polémique qui s'ensuivit dans les journaux de

Il ne m'appartient pas de parler dans cette Revue des questions de droit public et de droit administratif que soulève et que traite, avec une compétence et une science auxquelles tout le monde ne pourra que rendre hommage, l'étude publiée par M. Hauriou. Mais la loi du 9 déc. 1905 n'est pas seulement une loi de droit public. Elle est à la frontière des deux domaines. Elle règle des questions de propriété et des questions d'association; je crois même que, sans trop s'en rendre compte, elle a réglé une question de fondation. Ce sont là, au moins par certains côtés, des matières de droit privé. Tout ce qui touche à la propriété, propriété corporative ou propriété d'affectation, est du domaine du droit civil. Et ce sont précisément ces questions de droit civil sur lesquelles la brochure de M. Hauriou jette des lumières nouvelles. Elles ne peuvent en aucune façon passer inaperçues pour cette Revue. Ce sont elles que je voudrais mettre en relief. Je ne puis donc avoir la prétention de donner ainsi un compte rendu de l'étude de M. Hauriou, puisque je n'en détache qu'une partie; mais peut-être aurai-je celle de creuser à sa suite quelques idées qui peuvent ne pas être inutiles à la mise au point de la conception juridique que nous devons nous faire désormais de la propriété ecclésiastique et de l'association cultuelle. Sur ces deux points la loi de 1905 nous a jetés en pleine nouveauté, ce qui pour beaucoup a pu expliquer qu'ils se fussent trouvés en pleine déroute. Il faut sortir de ce chaos et de ces incertitudes. Il faut que les juristes se mettent à l'œuvre et qu'ils se construisent des notions neuves et des conceptions vraiment adaptées à une situation un peu inattendue. Ce sont ces notions neuves et ces concepts adéquats dont M. Hauriou me semble avoir fourni les éléments essentiels.

Il les a formulés en maître du droit public; comme simple civiliste, je voudrais essayer de les traduire dans le langage du droit civil.

°°°

2. — Le premier point sur lequel je voudrais appeler l'attention des juristes est celui qui concerne la notion de la propriété. On peut

Rouen; les articles de M. Flourens, parus dans l'*Éclair* et, depuis, publiés en brochure; également ceux de M. Théry; un ou deux articles de M. de Mun, parus dans *La Croix*, et de nombreux articles du *Journal des Débats* et des différentes revues s'occupant de droit ecclésiastique, *Revue des associations cultuelles*, *Revue du culte catholique*, etc., etc.

dire que la loi de 1905 aura fourni des éléments nouveaux d'une importance exceptionnelle à l'idée de propriété d'affectation. La propriété d'affectation est une conception courante que l'on invoque un peu comme une image saisissante, sans avoir songé jusqu'alors à en faire une institution juridique vraiment autonome. Grâce à la loi de 1905, elle va prendre un relief considérable.

Jusqu'alors, l'idée d'affectation ne s'appliquait guère qu'à des édifices et à des biens consacrés à un service public, administrés par conséquent, sinon détenus et possédés, par un établissement public ou une personne morale du droit public. C'est en cela que se résumait la notion juridique d'affectation ; dans un sens moins précis, on parlait encore volontiers d'affectation comme synonyme de fondation. Et, comme la fondation privée n'existe pas en droit français, ce que l'on visait par là c'était donc surtout la création, par voie de concession administrative, d'un établissement d'utilité publique. Telles étaient les deux applications les plus usuelles de l'idée d'affectation.

3. — La loi de 1905 nous présente des biens, les édifices du culte par exemple, qui vont garder leur affectation, bien qu'ils ne doivent plus être consacrés à un service public : par le fait de la loi de séparation, le culte a cessé de constituer un service public.

Ces édifices, qui, d'après l'opinion la plus générale, n'appartenaient pas aux fabriques et qui n'avaient été mis à leur disposition qu'en vue de l'exercice du culte, pour que les fabriques en jouissent conformément à leur destination, sont mis désormais par la loi à la disposition d'associations privées sous les mêmes conditions, en vue de rester au service de leur affectation initiale.

Et nous savons également, d'après les déclarations faites par le Ministre de l'Instruction publique et des Cultes, que, même s'il ne se forme pas d'associations cultuelles, ces mêmes édifices continueront à servir à leur affectation sous la seule forme qui puisse en constituer la réalisation, c'est-à-dire en restant à la disposition des ministres du culte auquel ils appartiennent (1).

Le service qu'ils devaient remplir aura cessé d'être un servervice public; il ne sera plus, comme dit si bien M. Hauriou,

(1) Voir à ce sujet la circulaire du 1er déc. 1906. Cette circulaire a paru au moment où je corrigeais ces épreuves. Et je la cite d'après le numéro du *Temps* du 3 déc. 1906.

qu'un service d'intérêt public (1), ou d'utilité publique. Peu importe : les caractères juridiques de l'affectation ont pu changer, son but reste le même, il faut que ce but soit rempli. S'il ne peut plus l'être par un établissement public, les fabriques, il le sera par une association privée; et, s'il ne l'est pas par une association privée, il le sera par ceux qui sont les représentants légitimes du culte auquel se réfère l'affectation. Il n'est pas possible, tant qu'il n'y a pas eu désaffectation, que le service social auquel la chose est destinée vienne à cesser : ce service social, régulièrement, devait être assuré par une collectivité qui eût représenté, sous une forme corporative quelconque, la masse des intéressés auxquels il devrait profiter; et à défaut de représentation corporative, il le sera par ceux-là mêmes qui sont les ministres du culte.

Nominalement, la propriété ne s'est pas déplacée. C'est la jouissance qui se déplace. Cette dernière appartenait aux fabriques, établissements publics; elle est offerte aux associations destinées à les remplacer, et elle leur est offerte sous les mêmes conditions que celles qui constituaient le droit des fabriques, sous réserve des modifications spéciales apportées par la loi de 1905. Ces modifications ont pu aggraver certaines charges. Mais cette réserve faite, les conditions de la jouissance, entendues des droits comme des obligations, restent ce qu'elles étaient sous le régime antérieur. Un seul point se trouve réservé, ou plutôt maintenu, l'obligation impérieuse de conserver l'affectation cultuelle et d'en assurer le service conformément à la destination de l'édifice, c'est-à-dire conformément aux règles du culte auquel il appartient.

Voilà donc, si l'on peut dire, une affectation qui se maintient quels que soient les auxiliaires qui doivent la desservir, associations ou ministres du culte, et en dépit de la transformation profonde que va subir le service auquel elle était consacrée.

Ce service va perdre son caractère de service public. S'il garde encore un caractère d'utilité publique, c'est un service dont l'État s'est désormais déchargé pour s'en remettre aux intéressés. En pareil cas, lorsqu'il s'agit de pourvoir à des intérêts privés, mais tellement importants ou généralisés que l'État ne puisse s'empêcher de les prendre sous sa protection, il le fait sous forme de reconnaissance d'utilité publique, par la création d'un

(1) HAURIOU, p. 14 et suiv., 18 et suiv.

établissement d'utilité publique; c'est la forme française de la fondation.

Régulièrement, si l'on s'en était tenu à nos traditions juridiques, c'est la seule forme qui eût semblé possible. L'affectation ne se réalisant plus par l'intermédiaire d'un établissement administratif, elle aurait dû se réaliser sous la forme d'une fondation d'utilité publique.

Et cependant l'association cultuelle n'est pas érigée en établissement d'utilité publique. Elle reste à l'apparence une association privée, qui n'est qu'une variété des associations de droit commun de la loi de 1901.

C'est pourtant à cette association privée qu'est remise la jouissance d'un bien d'affectation. L'affectation cultuelle, qui était jadis un service d'État, se maintient et subsiste, bien que le service soit déclassé; elle devient une affectation d'utilité publique, d'intérêt public, comme dit M. Hauriou, sans qu'il y ait pour cela de fondation publique au sens du droit français.

4. — Mais ce caractère d'affectation, ainsi maintenu aux édifices cultuels, restés la propriété de l'État, des départements et des communes, est plus saillant encore et plus caractéristique, lorsqu'il s'applique aux biens qui étaient la propriété des anciennes fabriques, et qui, d'après la loi de 1905, devaient être dévolus aux associations cultuelles.

C'est le second élément de ce que M. Hauriou appelle la dotation des associations cultuelles (1).

Ces biens, appartenant à un établissement public, étaient propriété administrative, comme dit M. Hauriou; disons, d'une façon plus générale, propriété publique. L'établissement public ayant disparu, ils deviennent propriété privée. Et cependant, la loi leur applique la même idée d'affectation que celle admise pour les édifices cultuels, si ce n'est qu'il ne s'agit plus d'affectation individuelle, mais d'affectation patrimoniale, concernant l'ensemble des biens pris en bloc. Leur nature est totalement transformée, puisque, de propriété publique, ils deviennent propriété privée; et cependant ils restent sous cette forme affectés à leur destination antérieure. Et c'est là ce qui explique la situation qui leur est faite. Comme il s'agit d'une affectation d'intérêt public, l'État dont la mission consiste, comme dit encore M. Hauriou, à veiller à la bonne gestion des intérêts collectifs,

(1) Hauriou, p. 16.

se réserve sur ce patrimoine devenu propriété privée un certain droit de contrôle, analogue à celui qu'il exerce sur certains établissements, tels que les caisses d'épargne, les sociétés de secours mutuels, bientôt peut-être les syndicats professionnels (1). Ce sont des exemples que j'emprunte à M. Hauriou. Et la même conception explique également que cette propriété ne soit pas forcément incommutable, et que, dans certains cas exceptionnels, elle soit exposée à être reprise par l'État, et attribuée à d'autres associations par décret rendu en Conseil d'État, par exemple au cas de dissolution, volontaire ou non, de l'association (art. 9, § 2).

On s'est parfois étonné de ces caractères quelque peu relatifs de la propriété cultuelle (2). Il a semblé qu'ils étaient en contradiction avec l'idée un peu simpliste que nous nous faisons de la propriété, de son indépendance absolue et de sa perpétuité. C'est la conséquence de notre éducation romaniste. Les juristes qui savent un peu de droit anglais seront très familiers avec toutes ces idées d'une propriété soumise à des conditions initiales qui en limitent l'étendue. Dans le droit anglais, encore tout imprégné de féodalité, ces conditions limitatives viennent de la concession initiale, puisque toute propriété, au moins s'il s'agit de propriété foncière, n'est qu'une jouissance concédée. De l'idée de concession à l'idée d'affectation, la transition est facile ; l'une implique une réserve en vertu d'un intérêt individuel, l'autre implique des limitations et des réserves dans un but d'intérêt général. D'un côté comme de l'autre, il y a ce que les Anglais appellent des expectatives ou des droits de reprise, il y a propriété conditionnée par son but. En face de la propriété exclusivement individuelle, il y a une propriété sociale, qui doit remplir sa fonction sociale ; et il n'est plus permis à l'individu, fût-ce même à une collectivité d'individus, de l'employer indifféremment à des fins qui la détourneraient de son affectation collective. En réalité, celui que l'on appelle encore le propriétaire n'est plus qu'un administrateur pour autrui, un gérant de l'affectation. Le vrai propriétaire, c'est l'affectataire. On comprend donc que la propriété

(1) HAURIOU, p. 15.

(2) Voir surtout les articles de M. Flourens, réunis en brochure : Emile FLOURENS, *Les Associations cultuelles* (Paris, Paul Dupont, 1906), p. 10 et suiv.; et la réponse de M. BERTHÉLEMY, dans *Journal des Débats*, 29 mai 1906, reproduite également dans la brochure de M. Flourens, p. 13-14. Cf. HAURIOU, p. 16.

exclusivement individuelle répugne à tout contrôle et à toute surveillance; car, en pareil cas, propriétaire et affectataire se confondent en un seul. Il est, au contraire, de la nature, sinon de toute propriété d'affectation, au moins de certaines propriétés d'affectation, d'appeler un contrôle et une surveillance. Et la preuve en est que toutes les législations, ou presque toutes, qui ont consacré le principe de la fondation privée, ont institué une autorité de surveillance, autorité judiciaire ou administrative, qui veille au service de l'affectation (1).

Or, ce qui aurait dû se faire, d'après la pure tradition française, par la personnification de l'ancien fonds des fabriques, sous forme d'établissement d'utilité publique soumis à la tutelle administrative, se réalise, d'après la loi de 1905, par le seul effet de l'affectation, sans qu'il y ait fondation au sens juridique du mot.

Il est donc vrai de dire que c'est bien une forme nouvelle de la propriété que crée la loi de 1905, la propriété d'affectation, en dehors de toute idée de service public et de création d'établissement d'utilité publique. L'affectation à un but d'utilité collective frappe la propriété aux mains de son propriétaire, encore que ce propriétaire soit une association privée, et entraîne à sa suite certaines conséquences qui réagissent, d'une part sur l'étendue de la propriété, et d'autre part, comme nous allons le voir, sur le concept même de l'idée d'association.

5. — Mais il est un troisième élément du patrimoine social de l'association cultuelle dont M. Hauriou n'a parlé que pour l'opposer aux deux autres (2) et qui, malgré ce qu'il en ait pu dire, garde encore quelque chose de l'idée d'affectation ; ce sont les biens qui ne proviendraient pas des anciens établissements du culte supprimé et qui n'auraient fait l'objet d'aucune dévolution de ce genre. Or, on peut prévoir le cas d'associations cultuelles qui ne se formeraient qu'avec des ressources privées sans autres dotations de l'État, sans dévolution faite par application de la loi de 1905. Le cas aurait pu se présenter même si les associations cultuelles eussent été acceptées par l'Église catholique. Qu'il se fonde une paroisse nouvelle avec des ressources de provenance nouvelle sans rien demander des biens dévolus à l'association

(1) Voir, par exemple le *Code civil allemand*, le *Projet de Code civil hongrois*, le *Projet de Code civil suisse*, et, pour l'Angleterre, l'institution des *commissioners of charities*.

(2) HAURIOU, p. 17-18.

cultuelle existant dans la paroisse dont elle se détache. Dans ce cas, l'article 8 de la loi n'a plus à jouer. A plus forte raison, s'il ne se forme pas d'associations cultuelles de la part de l'Église catholique, au moins à l'échéance prévue par la loi, il pourra arriver qu'il s'en forme plus tard, lorsque l'accord sera fait entre les deux pouvoirs; mais il pourra se faire alors, si les biens ont déjà été attribués à titre définitif à des établissements publics, que ces associations ne puissent profiter d'aucune dévolution de biens ayant appartenu aux fabriques. Ce seront des associations cultuelles qui jouiront, sans doute, des églises sous les conditions d'affectation de la loi de 1905, mais qui n'auront à titre de propriété que des biens de provenance privée. Le second élément de la dotation dont parlait M. Hauriou leur fera totalement défaut.

Cela veut-il dire qu'elles auront sur leur patrimoine les mêmes droits qu'un propriétaire ordinaire, ou même qu'une association de droit commun?

M. Hauriou se contente de dire, à cet égard, qu'au cas de dissolution l'attribution par dévolutions successives ne serait plus applicable (1). On resterait, sans doute, sous l'empire, non plus de l'article 9 de la loi de 1905, mais de l'article 9 de la loi de 1901, qui laisse aux statuts de l'association le soin de régler la dévolution des biens, ou qui, à défaut de disposition statutaire, investit de ce droit l'assemblée générale. Et il faut se souvenir que l'article 15 du règlement d'administration publique interdit à l'assemblée générale d'attribuer aux anciens associés ce qui reste d'actif, une fois la liquidation faite (2).

Probablement aussi, dans ces associations qui n'auraient aucun fonds provenant de dévolution, s'il y avait une scission dans l'avenir et que la nouvelle association issue de la première voulût prétendre à une part des biens, et qu'il fallût porter le conflit devant les tribunaux, l'affaire irait devant les tribunaux de droit commun, et non plus devant le Conseil d'État, lequel n'intervient, d'après l'article 8, que lorsqu'il s'agit de contester l'attribution initiale portant sur des biens provenant de la propriété publique. Du moins est-ce une opinion qui puisse se défendre; l'extension par voie d'analogie des dispositions de l'article 8 semblerait tout à fait contraire à la lettre même de la loi.

(1) HAURIOU, p. 18, note 1.

(2) Loi du 1er juill. 1901, art. 9; et Décret du 16 août 1901 portant règlement d'administration publique pour l'exécution de la loi du 1er juill. 1901, art. 15.

Mais ces concessions faites à l'application du droit commun, encore resterait-il le principe du contrôle, qui s'applique à tous les biens, quelle qu'en soit la provenance et auquel seraient soumises même les associations dont toutes les ressources seraient d'origine privée. Et cela encore suffit à maintenir l'idée d'affectation; seulement le degré d'affectation et l'intensité des effets qui en dérivent s'atténuent, en quelque sorte, par étapes successives.

Nous sommes en présence de trois groupes bien distincts. Pour les édifices consacrés au culte, l'affectation est individuelle et intégrale; pour les biens qui ont appartenu aux fabriques, elle n'est plus que globale et elle produit déjà des effets plus restreints; mais encore, pour ces deux catégories, elle reste très nette et très précise. C'est qu'il s'agit d'une affectation provenant pour les uns d'une destination spéciale qui frappe un bien en lui-même; c'est un édifice mis à l'usage du culte, comme l'on dit de certains biens du domaine public qu'ils sont mis à l'usage du public; et, pour les autres, il s'agit d'une affectation provenant d'une attribution comparable à ce que serait une libéralité *sub modo*, une attribution avec charge. Il s'agit de biens qui n'ont été attribués à certaines associations que sous condition d'emploi déterminé; l'affectation est la charge de leur acquisition. Mais pour la troisième catégorie, pour les associations dont tous les biens sont de provenance privée, on ne peut plus dire qu'elles avaient reçu une dotation cultuelle qui dût rester affectée au culte. L'affectation ne vient plus de la provenance; elle ne peut venir que du but de l'association elle-même, des caractères de l'association cultuelle, en tant qu'elle est cultuelle, indépendamment de l'origine et de la nature des biens qu'elle possède.

Et c'est ainsi, comme je l'indiquais déjà par avance, que l'association de la loi de 1905 est dominée elle-même par l'idée d'affectation; elle est au service d'une affectation spéciale, et l'idée d'affectation pénètre et modifie jusqu'au concept de l'association. En même temps qu'elle frappe certains biens en tant que biens, elle régit l'association elle-même en tant qu'association. Et c'est la seconde idée que je voudrais mettre en relief.

La loi de 1905 a créé une nouvelle forme de la propriété d'affectation; mais elle a créé aussi une nouvelle forme de l'association, l'association mise au service d'une affectation spéciale; ce que l'on pourrait appeler l'association-fondation.

⁂

6. — Pour analyser, comme je vais essayer de le faire, les caractères juridiques de l'association créée par la loi de 1905, je me placerai à peu près exclusivement au regard des associations qui auraient pour but l'exercice du culte catholique.

Et, tout d'abord, je constate, même si l'on suppose que les associations de la loi de 1905 puissent rester, dans la forme, comme une prolongation uniquement des anciennes fabriques, sans autre modification, qu'il n'en resterait pas moins, au point de vue du fond, un changement considérable par rapport à l'état de choses antérieur. Quoi que l'on fasse, il y aura eu déplacement de la propriété. Et, bien entendu, je me place au point de vue des biens des fabriques, sans parler des édifices dont la propriété était attribuée à l'État, aux départements ou aux communes. Ces biens étaient incontestablement propriété des fabriques ; et, comme la fabrique était, en tant que propriétaire, un être idéal, une personne morale du droit public, on pouvait facilement se méprendre sur la qualification du propriétaire; on pouvait facilement perdre de vue le propriétaire nominal qui était le domaine public, et ne voir que l'affectataire réel qui était l'Église. Au point de vue de l'État, il s'agissait d'une propriété publique; au point de vue de l'Église, c'était une propriété ecclésiastique. Le propriétaire nominal n'était guère qu'un propriétaire suzerain, à la façon du seigneur féodal, dont le droit éminent ne consistait plus que dans une expectative lointaine; le propriétaire effectif se confondait avec l'affectataire, de même qu'à l'époque du XVIIIe siècle le vassal était devenu le vrai propriétaire du fief, alors que le seigneur n'avait plus qu'un droit réservé sous forme de directe. De même, sous la fiction des fabriques, l'Église pouvait se croire propriétaire du patrimoine ecclésiastique. Et, ce qui est certain, c'est que les fabriciens ne pouvaient pas s'en dire propriétaires; ils n'étaient que les administrateurs d'un patrimoine appartenant à cette personne fictive qu'était la fabrique.

En aucune façon il ne leur aurait été permis de s'insurger par exemple contre le curé désigné par l'évêque, en disant : « Ces biens sont à nous, nous avons le droit par conséquent de choisir le curé au service duquel nous les mettons; donc nous ne voulons pas de vous ».

D'après la loi de 1905, même si ces fabriciens restent, sous le nom d'associés, ce qu'ils étaient avant, au point de vue de leurs pouvoirs et de leurs obligations, ils n'en sont pas moins devenus propriétaires. C'est l'association qui est, en tant qu'association, le sujet du droit. De simples administrateurs qu'étaient les anciens fabriciens, ils vont devenir associés propriétaires. La propriété qui appartenait jadis à la fabrique a été transférée à l'association ; elle appartenait à un être idéal, elle va appartenir à une collectivité d'individus. C'est une propriété corporative.

Et c'est assurément, toute autre considération à part, ce déplacement de la propriété, avec toutes les conséquences vraies ou fausses qu'on pouvait lui attribuer, qui a surtout frappé et ému les autorités ecclésiastiques.

Reste à voir si, juridiquement, les choses se présentent encore sous cette forme ; et si, en réalité, il n'est pas plus vrai de dire qu'il n'y a de changé que les apparences et que dans la réalité la propriété, qui était jadis une propriété d'affectation au profit du culte catholique avec attribution d'une propriété nominale au domaine public, n'est pas restée une propriété d'affectation au profit du culte catholique avec attribution d'une propriété nominale ou profit d'un groupe d'associés. Et s'il en était ainsi, les appréhensions dont on a fait preuve dans le monde ecclésiastique devraient être ramenées à une appréciation plus exacte de la situation juridique.

7. — Il n'est pas douteux que la notion de propriété corporative était à la base du projet primitif. Comme le constate M. Hauriou, elle était dans la logique de l'idée de séparation (1). Le culte n'est plus un service public; logiquement, comme dit encore M. Hauriou, il ne devrait plus y avoir d'exercice public du culte. Le culte devenant affaire privée, chaque église devrait se présenter comme une congrégation fermée, ne fonctionnant que pour les membres faisant partie de la congrégation; et alors les biens appartiendraient à la congrégation, ils appartiendraient corporativement à la collectivité des fidèles. Tout cela suppose une adhésion officielle à la congrégation; et ce sont les fidèles inscrits comme membres de la congrégation qui auraient dû constituer l'association propriétaire. Si la congrégation dans son ensemble eût constitué une foule trop nombreuse, elle aurait pu élire un conseil d'administration, conseil de fabrique, chargé de la représenter et d'administrer en son nom. C'est l'organisation corpo-

(1) Hauriou, p. 13 et suiv.

rative, telle qu'elle est à la base des lois prussiennes de 1875.

Il est certain que c'était également sous cette forme corporative que l'on concevait l'association cultuelle dans les projets primitifs. Dans l'esprit des auteurs des premiers projets de séparation, l'association cultuelle devait être une association ouverte, destinée à comprendre l'ensemble des fidèles d'une Eglise. Logiquement, le culte aurait cessé d'être un culte public, pour être un culte fermé, c'est-à-dire ouvert uniquement aux membres d'une Église organisée et constituée en corporation de fidèles.

8. — Pareille conception cadre mal avec le principe de l'Église catholique, qui, précisément parce qu'elle est catholique, prétend à l'universalité, et qui entend s'adresser à ceux du dehors, comme à ceux du dedans, qui veut renouveler dans ses temples l'apostolat qu'exerçaient ses premiers fondateurs sur les places et dans les lieux publics.

Aussi à l'idée de corporation a-t-elle substitué l'idée d'établissement ou de fondation. Au lieu d'un groupe formé de co-associés, elle organise une administration hiérarchique sous l'autorité de chefs désignés par elle, en vue de ce service, illimité parce que catholique, et public parce qu'universel. A l'idée de corporation se substitue l'idée de représentation ; à l'idée d'association, celle d'établissement et d'organisation administrative.

La conception juridique des premiers projets de séparation était nettement en contradiction avec toute cette thèse du droit canonique.

Mais la pénétration s'est faite peu à peu, et l'on peut dire que le texte définitif, s'il ne s'identifie pas encore avec ces concepts théoriques, s'en rapproche singulièrement.

Et il a suffi de deux dispositions importantes, introduites par la suite, pour que les choses eussent changé du tout au tout.

9. — La première est que la conception de l'association ouverte et identifiée avec la corporation globale des fidèles n'est plus une conception impérative; l'association peut se restreindre à un nombre minimum de membres. Elle devient l'association fermée : elle n'est plus que l'ancienne fabrique continuée. Et alors à l'idée de corporation formée par l'ensemble de tous les fidèles se substitue l'idée d'un corps représentatif de la collectivité. Puisque l'association peut être fermée, on ne peut plus dire que les associés possèdent et administrent pour eux, et qu'ils doivent se considérer comme seuls intéressés à l'exercice du

culte et comme ayant le droit de le diriger d'après leur point de vue spécial. Ils sont représentatifs d'une collectivité. Ils administrent en vue d'un but, lequel est le culte public, tel qu'il existe et doit exister pour la collectivité des fidèles, c'est-à-dire avec les règles spéciales qui le caractérisent, règles auxquelles ont adhéré tous les fidèles auxquels le culte s'adresse. Et il ne saurait appartenir à un petit groupe, fût-ce même à un groupe d'associés, alors qu'il n'est même pas forcément élu par la collectivité, de modifier les règles fondamentales dont le maintien est, en quelque sorte, la première obligation qui s'impose à l'égard de cette collectivité anonyme que représente l'association.

A l'idée de corporation se substitue l'idée de représentation. Il en sera de l'association cultuelle, ainsi comprise, comme du bureau de bienfaisance, qui représente les intérêts des indigents d'une commune.

10. — Mais plus significative encore est la modification introduite dans l'article 4, et qui constitue ce que l'on pourrait appeler la caractéristique même de la loi de 1905, au point de vue de la nature juridique des associations qu'elle établit. C'est là que va se révéler le caractère d'affectation de l'association cultuelle; et c'est à raison surtout de cet article 4, que M. Hauriou définit l'association cultuelle en l'appelant un établissement d'intérêt public. Nous revenons ainsi à cette conception d'établissement qui était celle du concordat et qui est celle du droit canonique. C'est cette idée, que moi-même j'avais déjà émise ailleurs (1), sur laquelle je voudrais insister quelque peu.

On dit généralement dans la plupart des commentaires sur la loi de 1905 que la condition introduite par l'article 4, et d'après laquelle l'association doit se conformer aux règles générales du culte dont elle doit assurer l'exercice, est une condition de validité ou de légalité de l'association elle-même (2)

S'agissant d'associations relatives au culte catholique, on dit volontiers que pour être régulières et légales elles doivent être orthodoxes, en synthétisant dans cette dernière expression la formule plus générale de la loi.

(1) Voir le mémoire de Mgr Fuzet, *Les Associations cultuelles en Allemagne* (Paris, Roger et Chernoviz, 1906), p. 61.

(2) Cf. par exemple, de Lamarzelle et Taudière, *Commentaire théorique et pratique de la loi du 9 déc. 1905*, p. 223 et suiv. Voir cependant Eymard-Duvernay, *Commentaire pratique de la loi du 9 déc. 1905*, p. 56 et suiv., et p. 60 et suiv.

Ce n'est pas tout à fait ainsi que les choses se présentent d'après le texte de la loi. Cette condition d'orthodoxie ne nous est pas présentée comme une condition de validité de l'association, mais comme une condition de validité de la dévolution. Ce sera, si l'on préfère, une condition de capacité à l'effet de recevoir et de garder les biens[1].

Aussi pouvons-nous déjà par avance en conclure que cette condition d'orthodoxie se rattache à l'affectation des biens, et non à la légalité de l'association, en tant qu'association.

Et il faut bien, en effet, qu'il en soit ainsi, puisque le principe même du régime de séparation est de ne plus reconnaître officiellement aucun culte, et de leur garantir à tous leur liberté. Cette liberté doit donc exister, non seulement pour les cultes antérieurement reconnus sous le régime du concordat, mais aussi pour ceux qui viendraient à s'établir par voie de scission avec les cultes anciens. Si donc des catholiques, qui prétendraient rester catholiques tout en se séparant de l'Église romaine, venaient à se former en associations pour exercer leur culte sous cette forme nouvelle, la loi de 1905 ne peut pas par avance déclarer illégales les associations qu'ils auraient constituées, sous prétexte qu'elles ne seraient pas orthodoxes. Tout au plus pourrait-on de ces associations exiger qu'elles ne commettent pas d'usurpation de nom, et qu'elles prennent un titre qui les distinguât nettement d'associations qui seraient catholiques romaines, reconnues et autorisées par le Pape.

Mais ces associations, qui seraient légales et valablement constituées, ne seraient pas aptes à recevoir les biens, ni par voie de dévolution faite par les anciennes fabriques, ni par voie d'attribution opérée par décret après le délai établi pour la dévolution provenant de la fabrique. Ce qui serait illégal, d'après l'art. 4, ce serait la dévolution des biens : pareilles associations n'ont pas capacité pour recevoir ou pour garder des biens ayant une affectation cultuelle spécialisée, consacrés, non pas nominalement à un culte vaguement désigné par son nom traditionnel, mais bien à tel culte déterminé et constitué par les règles propres qui sont de son essence.

La dévolution ou l'attribution peuvent être irrégulières; et c'est contre elles, en tant qu'il s'agit d'un acte administratif, qu'il peut être formé un recours pour excès de pouvoir[2]. Contre

(1) Voir également, Eymard-Duvernay, *loc. cit.*

(2) Art. 15 du *Règlement d'administration publique du 16 mars 1906*.

une association qui serait formée en violation de l'art. 4, on ne peut agir en dissolution; car l'association, en tant qu'association, n'est pas irrégulière.

Pareille conception également n'est pas sans avoir provoqué d'autres difficultés.

11. — Et peut-être n'est-ce pas la moindre de savoir, lorsqu'on se place au point de vue de l'association, et non à celui de l'affectation, en quoi consisterait l'orthodoxie d'une association, puisque c'est en cela que se résume la condition de capacité de l'article 4 (1).

La question est d'autant plus délicate que la constitution de l'Église catholique, lorsqu'il s'agit d'elle, n'admet pas le régime de l'association. Alors comment définir l'orthodoxie de l'association, si c'est l'association elle-même qui est en contradiction avec le droit de l'Église?

On a dit que l'association conforme à l'article 4 serait celle qui aurait à sa tête un curé reconnu par l'évêque, à supposer l'évêque en communion avec le Pape.

La formule est certainement mauvaise. Car le curé n'est pas forcément président de l'association; il n'est même pas indispensable qu'il en soit membre. Et l'on pourrait comprendre à la rigueur que l'Église eût toléré des associations dont le curé ne ferait pas partie, pourvu que les biens fussent à la disposition du curé reconnu par l'évêque, et que son indépendance lui fût pleinement garantie.

Le plus généralement on s'en tient à l'idée que l'association devrait être reconnue et agréée par l'évêque. Veut-on dire par là qu'il dépendrait toujours de l'évêque, à son gré, de donner ou de refuser un brevet d'orthodoxie à l'association et que la légalité de cette dernière fût en quelque sorte à sa merci? Ce n'est certainement pas ce qu'a voulu dire la loi de 1905; et c'est même un peu pour protester contre certaines interprétations excessives du genre de celle qui vient d'être indiquée, qu'a été insérée après coup la disposition finale de l'article 8.

Faut-il donc s'en tenir à l'idée qu'il suffirait que les statuts eussent été approuvés par l'évêque, ce qui impliquerait que toute modification aux statuts dût également recevoir son approbation?

(1) V. à ce sujet tous les commentaires déjà parus sur la loi de 1905, et en particulier les deux qui ont été cités *suprà*, De Lamarzelle et Taudière, pp. 224-225; Eymard-Duvernay, p. 61 et suiv.

Nous nous heurtons alors à d'autres objections que l'on a faites contre la possibilité de mettre en harmonie la canonicité et la légalité de l'association; et l'objection est venue surtout des catholiques (1).

Il leur a semblé, et cela avec raison, que l'association ne pouvait se rapprocher du type canonique que si elle admettait l'ingérence presque permanente d'une autorité étrangère à l'association, celle de l'évêque, et que, dans ces conditions, c'était le concept même d'association qui risquait de se trouver ébranlé. A force de paralyser l'indépendance des prétendus associés, on risquerait presque d'en faire de simples mandataires de l'autorité épiscopale, et celle-ci n'est pas reconnue par la loi. Cette reconnaissance statutaire de l'autorité de l'évêque viendrait donc, en quelque sorte, détruire ce qui fait l'essence même de toute association, c'est-à-dire l'indépendance des associés.

En dehors de ces idées générales, on a cité des textes. On s'est appuyé sur la disposition qui exige que les comptes annuels soient approuvés par l'assemblée générale. Si donc, pour que l'association soit orthodoxe, il faut exiger qu'ils soient en outre approuvés par l'évêque, n'est-ce pas contradictoire? Car il s'agit de savoir qui doit avoir le dernier mot. La loi dit : l'assemblée générale de l'association; et les statuts diront : l'évêque.

On a invoqué également l'article 32, qui rend l'association elle-même civilement responsable sur ses biens des délits que le curé pourrait commettre dans l'exercice du culte, et dans le local de l'association. Il est donc impossible, si l'association doit être responsable et si d'autre part elle est propriétaire, qu'elle doive conserver de force un curé qui puisse risquer d'engager à nouveau par ses délits le patrimoine de l'association, et cela parce que l'évêque le lui impose. La responsabilité subsidiaire de l'article 32 implique le droit de renvoyer un curé compromettant; et ce droit est en conformité avec l'idée d'association. Si les associés sont propriétaires des biens, comment admettre qu'ils soient obligés de les mettre à la disposition d'un ministre du culte qui, par ses délits, risquerait d'épuiser les ressources de l'association?

Il y a donc antinomie entre l'idée de canonicité et l'idée de

(1) Cette objection a été surtout présentée par M. Théry, dans ses articles parus dans l'*Éclair;* depuis, elle est devenue courante. On l'a presque universellement acceptée.

légalité, en ce qui concerne les associations de la loi de 1905; telle est du moins la thèse qui a été soutenue.

12. — Il s'en faut que tout soit irréfutable dans cette thèse, même à s'en tenir à l'idée d'association purement et simplement.

De ce que certains actes patrimoniaux de l'association devraient être soumis à ce que j'appellerais la tutelle épiscopale, l'association n'en reste pas moins une association, de la même façon qu'une association ordinaire qui serait reconnue d'utilité publique, et soumise de ce chef à la tutelle administrative, ne cesse pas pour cela d'être une association. Ce qui constitue essentiellement l'association, d'après le texte même de la loi de 1901, c'est le contrat qui, par le fait de leur adhésion aux mêmes statuts, lie entre eux les membres associés, en vue, d'une part, de la poursuite d'un but commun spécifié par les statuts et par les moyens, d'autre part, ainsi que sous les conditions fixées par ces mêmes statuts et acceptées par les associés ; parmi ces moyens et ces conditions peut se trouver l'obligation de recourir à l'intervention d'un pouvoir étranger à l'association. Aucune clause de ce genre n'est en contradiction avec le concept contractuel de l'association. Ce n'est pas avec cette autorité étrangère que contractent les associés en adhérant aux statuts, comme ils le feraient s'il s'agissait de mandataires, mais c'est avec leurs coassociés, tout en acceptant que certains actes faits au nom de l'association soient approuvés par cette autorité du dehors.

Mais, si l'on peut aisément répondre à la plupart des objections que l'on oppose à la conciliation l'idée de canonicité et de légalité, il n'en est pas moins vrai que l'incertitude subsiste quant à la définition même de ce que peut être l'orthodoxie, et surtout la canonicité, d'une association dans un système religieux qui repousse l'idée même d'association.

Et c'est une autre difficulté encore plus délicate sous un régime de séparation, dont l'essence est d'ignorer le pouvoir religieux, que d'avoir à s'en remettre à lui de la légalité même d'associations que l'État a entendu fonder et régir par ses propres lois et dans sa pleine indépendance.

13. — Mais toutes ces difficultés disparaissent, si, au lieu de se laisser dominer en quelque sorte exclusivement par l'idée d'association, on lui substitue la notion, bien autrement ferme et correcte, d'affectation.

C'est ainsi que l'art. 4, en reliant la condition de conformité aux règles du culte, ou, si l'on préfère, l'idée d'orthodoxie, aux conditions d'attribution des biens et à la question de capacité de l'association, a nettement marqué par là que toute association cultuelle était dominée par l'idée d'affectation à l'exercice du culte auquel elle doit pourvoir. Or, les règles d'un culte ne dépendent pas de l'association qui en gère les biens, elles lui sont extérieures, elles s'imposent à elle ; c'est l'association qui se plie à ces règles, ce ne sont pas ces règles du culte qui se plient aux dispositions statutaires de l'association. Et ce qui est vrai de toute association cultuelle, par cela seule qu'elle est cultuelle, l'est bien plus encore de celle qui reçoit attribution d'un patrimoine déjà frappé d'une affectation spéciale, lorsque cette affectation vise précisément l'exercice d'un culte qui avait été traditionnellement et officiellement reconnu, avec toutes les règles propres qui le constituent.

Il en est ainsi précisément des biens de fabriques dévolus ou attribués aux associations de l'art. 4. Ces biens serviront à l'exercice du culte catholique sous des conditions d'affectation parfaitement nettes et précises. C'étaient celles qui avaient été admises pour l'administration des fabriques ; et, parmi ces règles, se trouvait, avant tout, la reconnaissance du pouvoir épiscopal, et par suite la remise des édifices et des biens à la disposition du curé reconnu par l'évêque, sous les conditions des décrets qui régissaient la matière. Ces règles et ces conditions n'ont pas changé, puisque l'affectation subsiste. Sans doute le concordat a disparu, les articles organiques sont abrogés, et le décret de 1809 sur les fabriques, ainsi que les textes complémentaires de la matière, ont cessé, en soi, d'être en vigueur.

Mais l'esprit qui avait inspiré toute cette réglementation législative concordataire subsiste dans l'idée d'affectation. L'affectation étant maintenue, elle a donc pour but de mettre les biens ecclésiastiques et les édifices du culte à la disposition du pouvoir épiscopal, sous les conditions exigées par les règles du culte catholique pour que l'indépendance des autorités ecclésiastiques soit pleinement sauvegardée, et qu'elle ne puisse être entravée par l'ingérence de l'administration patrimoniale.

Comment fixer la conciliation entre ces deux exigences un peu contradictoires ; comment tracer les règles d'une administration patrimoniale suffisamment autonome, et réserver cependant les droits de l'autorité ecclésiastique ? Ce sont ces limites qu'avait tracées jadis le décret de 1809. La loi de 1905 aurait pu la réglementer à son tour ; ou peut-être aurait-elle pu donner au Conseil d'État le pouvoir de le faire à sa place. Elle n'a pas cru qu'il pût rentrer dans son rôle de fixer ces frontières par voie impérative; c'eût été s'immiscer dans le domaine intérieur du culte, et elle s'y est refusée. Comme il ne lui appartenait plus de fixer elle-même le statut des associations cultuelles, elle s'est contentée de poser une règle de principe, celle de l'affectation conforme aux règles du culte. Elle s'en est remise par là à l'autorité religieuse elle-même. Elle a fait la séparation des deux domaines. Quant à ces règles du culte dont parle l'art. 4, ce n'est plus qu'une question de fait, et par suite, une question de preuve, d'en constater l'existence. Lorsqu'il s'agit d'un culte fondé sur une organisation hiérarchique, comme est le culte catholique, régi et dominé par des autorités, auxquelles on peut bien refuser désormais toute qualité officielle, mais que l'on ne peut pas plus ignorer, en tant que fait, que l'on ne serait admis à ignorer les présidents ou les directeurs de tout autre organisme privé, il n'y a plus qu'a s'en rapporter à ces autorités elles-mêmes du soin de savoir si l'affectation est maintenue conformément au service cultuel qu'elle devait remplir.

Si donc les règles hiérarchiques imposées par ces autorités elles-mêmes exigeaient que certains actes d'administration leur soient soumis, que certaines nominations leur soient réservées, ou que les comptes reçoivent leur approbation finale, toutes ces règles devront constituer le statut de l'affectation elle-même. A plus forte raison la première règle de l'association, si elle veut respecter ce principe d'affectation qui s'impose à elle, sera de reconnaître l'autorité des chefs spirituels qui ont seuls qualité pour fixer les conditions d'exercice du culte et en désigner les ministres; ce sera donc de se mettre sous leur dépendance en tout ce qui se rattache à cette affectation cultuelle.

L'association devient une collectivité dans laquelle se fixera le droit de propriété, ou, comme disent les juristes, qui sera le sujet du droit de propriété, mais qui ne doit user de sa propriété que conformément au but qui lui est assigné; et ce but est de servir à l'exercice d'un culte déterminé, conformément aux règles propres de ce culte lui-même.

Elle est dans la situation de tout propriétaire qui a reçu une donation avec charge, et qui détient par suite une propriété d'affectation; il ne peut plus user de sa propriété d'une façon qui serait en contradiction avec l'affectation qu'elle doit réaliser. Il en est ainsi du bénéficiaire d'un legs avec charge; et il arrive souvent, en ce cas, que, par suite de la charge dont il est l'exécuteur, tous les bénéfices du legs lui échappent et qu'il ne soit plus qu'un propriétaire nominal. Aussi semble-t-il, là également, qu'il y ait antinomie entre l'idée de propriété, et surtout l'idée de libéralité, et l'idée d'affectation intégrale. La question, après être restée longtemps en suspens, est aujourd'hui, à peu près, définitivement tranchée en faveur du legs avec charge, même lorsque la charge doit absorber tout le bénéfice de la libéralité.

Ce qui est vrai d'un individu désigné comme légataire, le sera *a fortiori* d'une association investie de la fonction de réaliser l'affectation elle-même, d'autant plus que l'association, en qui repose le droit de propriété, garde le droit, que n'a même pas le plus souvent le légataire, de gérer elle-même le service patrimonial de l'affectation qu'elle doit contribuer à réaliser.

14. — Alors ne serait-il pas plus vrai de dire que, sous forme d'association, la loi de 1905 a réalisé une véritable fondation privée, dont les prétendus associés ne seraient que les administrateurs?

Certes, on aurait pu le dire si la loi avait admis cette conception juridique; et il n'est pas douteux que c'eût été la seule qui eût répondu exactement au but qu'elle poursuivait. Malheureusement, la loi ne l'a pas fait; et, si elle ne l'a pas fait, c'est uniquement parce que l'institution de la fondation privée reste encore étrangère au droit français. C'est un point sur lequel nous nous sommes laissés devancer par toutes les législations nouvelles. Il y a là un cadre qui nous manque. C'est une lacune grave; mais si grave qu'elle soit, nous ne pouvons pas la combler par voie d'interprétation. Nous le pouvons d'autant moins, lorsqu'il s'agit de la loi de 1905, que pareille conception serait la négation formelle de l'art. 18 de la loi.

Donc l'idée que, sous couleur d'association, la loi de 1905 ait entendu créer purement et simplement une fondation privée dont les prétendus associés ne seraient que le conseil d'administration, en soi, est inacceptable.

Mais rien n'est plus courant, dans les législations qui admettent l'idée de fondation privée, que la combinaison des deux institutions : association et fondation. Au lieu de créer une fondation érigée par le fait même en personne morale, et de lui constituer des administrateurs par le statut de la fondation, on peut faire la fondation au profit d'une association qui en assume l'administration (1).

C'est l'analogue de ce qui se passerait, par exemple, même en droit français, pour une association douée de personnalité qui recevrait un legs avec charge constitutif de fondation. L'association n'en deviendrait pas moins propriétaire, ce serait elle qui administrerait le patrimoine d'affectation, et elle serait liée, au point de vue de son administration, par le statut qu'elle aurait accepté et qu'elle ne pourrait plus modifier elle-même à son gré.

C'est cette combinaison qu'accepte la loi de 1905. Elle fait, pour une fondation privée spéciale, celle qui a pour objet l'exercice du culte public, ce qui n'aurait été possible jusqu'alors en droit français que par l'intermédiaire d'un établissement public ou d'utilité publique. Elle investit une association privée d'une fonction d'intérêt collectif qui devient le statut de l'association, et qui fait d'elle, comme dit si bien M. Hauriou, un véritable établissement d'intérêt public. Qu'on ne dise pas, par conséquent, que nous interprétons par voie de référence au droit étranger une loi qui a entendu rester sur le terrain exclusif du droit français. Car c'est l'application même du droit français qui domine toute cette conception. Il s'agit, purement et simplement, d'une combinaison qui se présente fréquemment au profit d'associations reconnues d'utilité publique et douées, par conséquent, de la pleine et intégrale personnalité civile. Elles reçoivent des legs ou des dons qui ne leur confèrent qu'une propriété dominale et qui les lient en quelque sorte à l'affectation du bien qu'elles ont reçu. Ce qui se passe en pareil cas pour les associations devenues établissements d'utilité publique, la loi de 1905 en fait la caractéristique propre d'associations spécialisées et dominées par le but exclusif qu'elles poursuivent. Personne ne saurait nier que les associations de la loi de 1905 n'aient reçu de la loi elle-même un statut privilégié. Ce statut privilégié consiste précisément dans l'affectation à laquelle est liée cette association d'un caractère mixte, et de laquelle dérivent les privilèges spéciaux qui lui sont attribués.

15. — Et l'on voit facilement l'utilité considérable qu'il peut y avoir à cette combinaison de deux idées que l'on avait pu croire opposées l'une à l'autre, l'idée d'association et l'idée de fondation.

(1) Cf. mon étude sur les *Personnes juridiqes dans le Code civil allemand* (Paris, Chevalier-Marescq, 1902), tirage à part, p. 95 et 96 et les références en note.

On aurait pu concevoir une véritable fondation administrée par un conseil de direction et douée de personnalité. C'est la fondation être moral qui eût été seule investie de la propriété. Et alors une fondation de ce genre a forcément un statut immuable; ou encore, si l'on admet, comme dans certaines législations, que l'on puisse modifier après coup le statut des fondations privées, ce ne peut être que par l'intervention de l'autorité publique, autorité judiciaire ou administrative (1).

On a voulu, au lieu de simples administrateurs, avoir des associés, et c'est l'association qui est propriétaire. Dès lors elle est, théoriquement du moins, maîtresse de ses statuts; je dis théoriquement, car, du moment qu'elle reste liée à la règle de son affectation, elle ne peut les modifier que dans la mesure où elle ne se met pas en contradiction avec le but qu'elle poursuit. Dans l'espèce que nous avons en vue, il faudrait donc, pour que les modifications statutaires ne fussent pas en contradiction avec l'affectation qui subsiste, qu'elles eussent reçu l'approbation de l'autorité ecclésiastique. Mais dans cette mesure l'association reste libre de son statut, sans autre intervention d'une autorité publique. Il y avait donc grand intérêt, comme on le voit, à instituer une association liée à l'affection de son propre patrimoine, au lieu d'une fondation privée, au sens juridique du mot.

Et dès lors toutes les difficultés dont il avait été question, lorsqu'on s'en tenait exclusivement à l'idée d'association, disparaissent par le fait même.

16. — L'association cultuelle pour être légale n'a pas besoin d'être orthodoxe; mais le but qu'elle poursuit est dominé par les règles du culte auquel elle se rattache, et par conséquent elle ne peut prétendre se rattacher à tel ou tel culte déterminé que si elle ne se met pas en contradiction avec les règles de ce culte spécial. Elle est dominée par l'idée d'affectation au service du culte qu'elle a pour but de réaliser; cette affectation exige que ses biens soient mis à la disposition du culte sous les conditions exigées par les prescriptions ecclésiastiques pour que les biens cultuels servent à leur destination.

(1) Voir § 87 du Code civil allemand dans la *Traduction du Comité de législation étrangère* (t. I, p. 72 et la note), et l'étude citée plus haut sur les *Personnes juridiques dans le Code civil allemand*, p. 125-126. Cf. *Projet de Code civil suisse* (texte de 1904), art. 93 à 96 et projet de code civil hongrois (*Entwurf eines ungarischen allgemeinen burgerlichen gesetzbuches*), §§ 80, 81.

Si donc ces règles ecclésiastiques imposent l'ingérence de certaines autorités extérieures à l'association, cette ingérence, qui dérive de l'idée de fondation, telle qu'elle se superpose à l'idée d'association, ne contredit en rien ce concept lui-même. Et cela est vrai de l'approbation des comptes comme de tout acte de disposition par exemple. Rien de plus légitime aussi que l'idée d'une responsabilité civile de l'association pour les délits qui se rattacheraient à l'exercice du culte; cette règle est devenue aujourd'hui un principe dominant pour tout patrimoine d'affectation : tout patrimoine de ce genre répond des délits commis dans la réalisation même du but auquel il est affecté (1).

Enfin, il n'est pas jusqu'à la contradiction apparente des articles 8 et 4 de la loi de 1905 qui ne se trouve disparaître si l'on accepte la construction juridique que j'ai essayé d'esquisser.

Si l'idée d'affectation est le principe constitutif de capacité de toute association à l'effet de recevoir ou de garder des biens consacrés au service d'un culte déterminé, ce principe fondamental, une fois posé, n'avait pas à être reproduit par la suite dans une disposition qui prévoit, soit le conflit entre deux associations, soit une scission dans une même association, avec contestation relativement aux biens.

Le conflit ne peut être tranché que dans un sens qui ne contredise pas le principe d'affectation auquel les biens sont soumis. Ce principe d'affectation est tellement impérieux que, même à défaut d'associations cultuelles, lorsqu'il s'agit d'édifices auxquels il s'applique à titre individuel comme les églises, il doit être maintenu encore par voie d'attribution aux représentants du culte visé par l'affectation, et cela à l'encontre même du droit de propriété des départements et communes, et malgré l'opposition éventuelle des communes au moment où elles reprendraient la disposition de leur droit (2).

A plus forte raison, s'il en est ainsi, ce principe d'affectation devrait-il s'imposer au Conseil d'État dans le conflit entre deux associations.

Mais, si, d'autre part, on suppose l'affectation respectée de part et d'autre et cependant le conflit subsistant entre associations rivales ou scindées, ce sera donc par l'appréciation des

(1) Voir, pour ce qui est du Code civil allemand, le § 86, lequel applique aux fondations le principe de responsabilité admis par le § 31 pour les associations.

(2) Voir la circulaire du 1er décembre 1906, § II.

autres circonstances de fait que le Conseil d'Etat devra statuer. On pourrait supposer, par exemple, un dédoublement de paroisses et la nouvelle association, instituée pour l'administration de la paroisse nouvellement créée, également reconnue et confirmée par l'évêque, mais réclamant une part des biens de l'association initiale, sans qu'un accord amiable ait pu intervenir. C'est bien, cette fois, d'après les circonstances de fait, telle que l'importance respective des deux circonscriptions paroissiales par exemple, que le Conseil d'État devrait statuer.

17. — Telles seraient les conséquences de l'interprétation que je propose et qui m'a paru admirablement concorder avec les idées de M. Hauriou.

Peut-être trouvera-t-on que nous faisons désormais bien mince la part restant dévolue à l'idée de propriété. On objectera que l'affectataire tend à devenir le seul propriétaire effectif; et le propriétaire nominal sera réduit parfois au rôle pur et simple d'administrateur au profit des affectataires. On sait déjà qu'il en est souvent ainsi du légataire, lorsque le legs, s'agissant d'un legs *sub modo*, absorbe la totalité des bénéfices qu'il aurait dû retirer du legs.

Mais ce dédoublement, en quelque sorte, du droit de propriété se retrouve à toute époque dans l'évolution du droit de propriété. Partout on voit des concessions qui réservent le droit d'un propriétaire nominal, et qui font d'un affectataire investi de la jouissance utile le véritable bénéficiaire de tous les profits de la chose. Et peu à peu l'idée de propriété se déplace et s'incarne dans l'idée d'affectation, l'ancien propriétaire ne gardant qu'une sorte d'expectative plus ou moins exceptionnelle. On a vu le phénomène se produire à Rome; ce fut là aussi toute l'histoire de la propriété au Moyen âge. Elle se retrouve en droit anglais avec les *Uses* et les *Trusts;* et si elle est devenue inadmissible chez nous lorsque l'affectataire est un individu qui voudrait user de la chose pour son compte, le même dédoublement va réapparaître, et très légitimement cette fois, en matière d'affectation collective à un but d'intérêt général.

Cette évolution était dans l'air. La loi de 1905 vient de lui donner, si j'ose dire, sa première consécration légale.

Et l'Église, qui pouvait se croire, sous le régime concordataire, le propriétaire effectif des biens des fabriques, parce qu'elle en avait seule la jouissance utile, pourra encore, par une fiction analogue, s'en dire également propriétaire, puisqu'elle en a seule l'affectation. En dépit du déplacement, à peu près purement théorique, du droit de propriété, l'affectataire seul reste le propriétaire effectif. L'association de la loi de 1905 a pris la place qu'occupait le domaine public sous le régime de la propriété fabricienne, mais l'Église a gardé la sienne. Elle pouvait se dire propriétaire; elle se dira affectataire. Mais l'affectation aujourd'hui absorbe et incarne l'élément utile de la propriété.

°°°

18. — Après avoir parlé des nouvelles formes de propriété introduites par la loi de 1905 et de la combinaison qu'elle crée entre l'idée de fondation et d'association, j'aurais voulu étudier la combinaison possible entre les associations de droit commun de la loi de 1901, et les associations exceptionnelles de la loi de 1905. Mais sur ce terrain peut-être ne serais-je plus tout à fait d'accord avec M. Hauriou. Toutefois, ce point m'entraînerait trop loin. Il m'est impossible, pour cette fois du moins, de développer cette troisième catégorie d'observations.

Et entre autres le critérium si intéressant admis par M. Hauriou (1) comme caractéristique du culte public, c'est-à-dire l'idée de circonscription territoriale, me semblerait fort contestable dans son application à une association paroissiale, constituée à l'état d'association fermée. Il m'est impossible d'admettre qu'une association fermée, si étendue qu'elle soit, si elle a une chapelle ou une église à elle, ait un caractère différent d'une collectivité quelconque qui ait un local à elle mis à la disposition exclusive de ses membres, un club ou un cercle par exemple. Je ne saurais admettre, au moins théoriquement, et à moins de fraude voulue à la loi, qu'une telle association soit forcément considérée comme ayant pour objet le culte public et qualifiée d'association de la loi de 1905 malgré elle.

19. — Même sur le terrain de la loi de 1905, je serais tenté de croire que toutes les associations qu'elle prévoit ne doivent pas être mises sur le même pied au point de vue du droit de choisir entre les deux catégories d'associations.

Je comprends très bien, lorsqu'il s'agit de l'exercice même du culte public, que l'on impose aux associations qui doivent en as-

(1) HAURIOU, p. 26 et s.

surer le service la forme exclusive des associations de la loi de 1905.

L'article 18, qui vise expressément les associations ayant pour objet de subvenir aux frais, à l'entretien et à l'exercice public du culte, le dit expressément. Et cette sorte de monopole s'explique facilement. Jusqu'alors, le culte public n'était pas libre en France, ou plutôt il ne constituait pas un droit public individuel, laissé à la liberté de chaque citoyen. Il était institution d'État, réglementé par des lois de droit public.

La loi de 1905 fonde désormais la liberté du culte public. Mais encore l'établit-elle sous les conditions de contrôle et de surveillance établies par elle ; et ces conditions ont été imposées surtout pour le cas destiné à être le cas normal, celui où le culte s'exercerait par l'intermédiaire d'associations destinées à en assurer l'exercice. Elles ne peuvent être constituées que dans la forme établie par la loi de 1905. Les associations de droit commun, celles de la loi de 1901, ne peuvent avoir l'exercice public du culte pour objet.

Mais devrait-on en dire autant d'autres associations de la loi de 1905 qui ne viseraient que d'une façon très indirecte et très lointaine le fait de réaliser le culte public et d'offrir accès au public en vue d'une cérémonie religieuse? Ce serait le cas, par exemple, des associations qui devraient succéder aux bureaux des séminaires, en vue de l'administration des biens des séminaires. Sans doute, si elles prétendent à la dévolution des biens, elles ne peuvent qu'être établies sous la forme des associations de la loi de 1905. C'est là comme la condition *sine quâ non* de l'attribution des biens ayant appartenu aux anciens établissements du culte.

Mais si une association se formait en vue de l'établissement d'un séminaire sans prétendre à recevoir les biens ayant appartenu aux anciens établissements du culte, est-on bien sûr, juridiquement, qu'elle ne pourrait pas se former sur le terrain de la loi de 1901 ?

Sans doute le Conseil d'État, dans une note souvent citée, a dit le contraire, et le Ministre de l'Instruction publique et des Cultes l'a répété aussi à diverses reprises (1).

Mais l'article 18 de la loi est loin de le dire aussi expressément ; car il n'énumère dans son texte que les associations ayant

(1) Voir surtout circulaire du 31 août 1906, § 1, n° 1.

pour objet de subvenir aux frais, à l'entretien et à l'exercice public du culte, alors que l'article 4, en parlant de l'attribution des biens, faisait allusion aux associations quelconques formées pour succéder aux anciens établissements du culte, quels qu'ils fussent, et que l'article 14, visant une question analogue, nomme expressément les grands séminaires. C'est qu'il s'agit d'attribution et de dévolution ; et ce que l'on a voulu dire, c'est que, pour recevoir les biens, l'association que l'on vise ne peut être qu'une association de la loi de 1905. Mais l'article 18 a une portée bien autrement générale encore. Il établit le monopole des associations de la loi de 1905 pour certains objets cultuels qu'il entend définir; et il le fait sous une forme énumérative que nous devons entendre au sens étroit. C'est qu'en effet il y a une raison de principe qui oblige à distinguer.

Lorsqu'il s'agit de l'organisation du culte, considéré dans son exercice matériel et public, on a vu que l'on se trouve sur un terrain d'exception et que l'on ne peut, en aucune façon, invoquer le droit commun antérieur à la loi de 1905. Il s'agit d'un but qui ne peut être réalisé qu'en empruntant la liberté concédée par la loi nouvelle, mais avec toutes les restrictions qu'elle comporte.

En matière d'établissements d'enseignement ecclésiastique, au contraire, n'aurait-on pas pu admettre que déjà antérieurement à la loi de 1905, il eut été permis de donner à la préparation des futurs ministres du culte une organisation nouvelle, uniquement fondée sur les lois relatives à la liberté de l'enseignement et en particulier sur la loi de 1875 ? Et qui est-ce qui eût empêché par exemple d'emprunter le système admis dans certaines parties de l'Allemagne, et d'organiser l'enseignement ecclésiastique sous la forme de facultés libres constituées d'après la loi de 1875 sur l'enseignement supérieur (1)?

On ne peut donc pas dire, lorsqu'il s'agit d'un but d'enseignement, qui dans son objet immédiat s'en tient uniquement à l'enseignement, et qui ne vise que pour une échéance ultérieure et lointaine l'exercice du culte, en subvenant à son recrutement, que la réalisation de ce but lui-même dérive d'une pure concession de la loi de 1905. Il peut trouver à s'exercer et à se réaliser en empruntant d'autres formes légales antérieures à la loi de

(1) Tout ceci était écrit avant que parût la nouvelle circulaire du Ministre de l'Instruction publique et des Cultes (Circulaire du 7 déc. 1906), qui confirme toutes ces observations.

1905. Pourquoi donc, si l'on renonce aux principes de la loi de 1905, ne pourrait-on conserver alors les droits et libertés dérivant du droit commun préexistant à la loi de 1905? Celui-ci, loin de le restreindre, n'a voulu que l'élargir.

20. — Mais ces points, qui touchent surtout au droit public, m'entraîneraient trop loin, si je voulais en entreprendre une démonstration plus complète. Il serait facile, en effet, de tirer argument des discussions et des controverses qui, sur une question très voisine, se sont élevées à propos des petits séminaires (1). Ce ne sont plus là matières de droit civil; et je n'ai pas la prétention de m'y aventurer plus longuement.

J'ai voulu insister seulement sur le service considérable que M. Hauriou aura rendu à la science du droit, en précisant certaines notions, qui peuvent être très fécondes pour le progrès de nos idées juridiques et en vue de l'élargissement de nos cadres traditionnels, devenus trop étroits.

Mais ces quelques idées pourront servir surtout, le jour où elles seraient notoirement acceptées, à calmer bien des appréhensions, à constituer des garanties solides et durables et à préparer par là un accord que tout le monde souhaite et espère, puisque sur lui doit reposer le maintien de la paix sociale dans notre pays.

(1) Voir par exemple dans le commentaire déjà cité de MM. DE LAMARZELLE et TAUDIÈRE, pp. 138-139.

BAR-LE-DUC. — IMPRIMERIE CONTANT-LAGUERRE.

Le Gérant : L. LAROSE.

BAR-LE-DUC. — IMPRIMERIE CONTANT-LAGUERRE.

www.ingramcontent.com/pod-product-compliance
Ingram Content Group UK Ltd.
Pitfield, Milton Keynes, MK11 3LW, UK
UKHW020442220726
13923UKWH00005B/2286

9 782019 630836